PARLO AL TUO CUORE

PER UNA REGOLA DI VITA
DEL CRISTIANO AMBROSIANO

CARLO MARIA MARTINI
Cardinale Arcivescovo di Milano

PARLO AL TUO CUORE

PER UNA REGOLA DI VITA DEL CRISTIANO AMBROSIANO

Lettera pastorale per l'anno 1996-1997

CENTRO AMBROSIANO

ISBN 88-8025-080-9

Copertina: Studio Aemme

INDICE GENERALE

APPENDICE

INTRODUZIONE

Un lamento si leva dalle nostre comunità: troppi documenti! come facciamo a leggerli tutti?

Ritengo che ci sia del vero in questo lamento, anche se qualche volta ho l'impressione che è come lamentarsi perché un giardino ha troppi fiori. Non tutti sono da raccogliere e mettere in un vaso. Tanti fiori sono là per essere contemplati con uno sguardo d'insieme, fino a quando non verrà il momento opportuno per sceglierne qualcuno e metterlo sull'altare o davanti a un'immagine di Maria. Ogni fiore ha il suo senso, semplicemente nello stare lì, fra gli altri, nel suo giardino: «La rosa è senza perché; essa fiorisce perché fiorisce; che tu la guardi, non si cura» (Angelo Silesio).

Ma non tutti i documenti ci appaiono rose ben fiorite, né sempre ci è dato il distacco contemplativo: il peso di tanti testi ci affatica. Perciò da parte mia rinuncerei volentieri quest'anno a scrivere una lettera pastorale. Basterebbe rimandare ai documenti esistenti che già contengono le proposte per il 1996-97: la Lettera del Papa *Tertio millennio adveniente* al n. 40 e il programma generale per l'Anno santambrosiano contenuto in

Lavorare insieme, 1996, pp. 9-20 (e riportato qui in Appendice).

Sento però le attese di chi vorrebbe comunque una parola del Vescovo. Inoltre c'è una promessa che debbo mantenere: quella di presentare, quasi come "distillato" del Sinodo 47°, la *Regola di vita del cristiano ambrosiano*. Mi decido allora a proporre questa *Regola* preceduta da una introduzione semplice ed essenziale.

Nel 1997 ricorre il 16° centenario della morte di Sant'Ambrogio (4 aprile). Sarà anche il primo anno del cammino trinitario proposto dal Santo Padre in vista del grande Giubileo del 2000: l'anno dedicato a Cristo, il Figlio fatto carne per noi. Ciò che deve guidarci è allora la centralità di Gesù, così come proposta dal Papa e testimoniata da Sant'Ambrogio con la sua vita e il suo insegnamento.

In questo contesto si inquadra la *Regola di vita del cristiano ambrosiano*: nel richiamo al battesimo e all'attività catecumenale di Ambrogio essa vorrebbe offrire una sintesi di quanto ogni battezzato adulto dovrebbe tener presente e sforzarsi di vivere. Vorrebbe aiutarci a verificare sul volto di Cristo la nostra vita e il nostro cuore. Non è un itinerario che tenga conto delle diverse età e stati di vita: a ciò si provvederà con altri tipi di sussidi. Qui voglio dire qualcosa che riguarda il battezzato come tale. Lo dico a partire dal mio vissuto di sedici anni come Vescovo di questa Chiesa, alla quale vorrei consegnare quasi un testamento.

In realtà la "regola di vita" del cristiano è già tutta nel Vangelo ed è resa vivibile dal dono dello Spirito Santo, che ci è dato nel battesimo e negli altri sacramenti. Il Signore, però, ha voluto salvarci non isolatamente, ma come popolo radunato intorno ai Pastori e chiede loro di interpretare i segni e i bisogni dei tempi. Pertanto, stimolato dall'esempio di chi mi ha preceduto nel servizio della Chiesa di Milano e dai tanti figli di questa Chiesa che sono stati modelli sulla via della santità, ho pensato di stilare questo breve testo perché possa aiutare chi ha intrapreso il cammino difficile e meraviglioso della fede a progredire in esso in obbedienza alla volontà del Padre.

Ciò che vi chiedo è allora semplicemente di meditare questa *Regola*, di approfondire nella catechesi e nella preghiera comunitaria e personale la centralità del Signore Gesù che essa inculca e di prestare attenzione alle diverse iniziative dell'Anno santambrosiano badando soprattutto alla conversione del cuore, perché veramente per ciascuno di noi Cristo sia tutto, come dice Sant'Ambrogio: «Siamo tutti del Signore e Cristo è tutto per noi: se desideri risanare le tue ferite, egli è medico; se sei angustiato dall'arsura della febbre, egli è fonte; se ti trovi oppresso dalla colpa, egli è giustizia; se hai bisogno di aiuto, egli è potenza; se hai paura della morte, egli è vita; se desideri il paradiso, egli è via; se rifuggi le tenebre, egli è luce; se sei in cerca di cibo, egli è nutrimento» (*La verginità*, 16, 99).

La *Regola* parte dalle domande che sono nel cuore di ognuno di noi (*Interrogatio*) e si sforza di indicare un itinerario credibile e percorribile di risposta nella sequela di Gesù, attraverso il triplice momento della *Traditio* (i doni a noi trasmessi nella Chiesa ambrosiana), della *Receptio* (l'accoglienza e la coltivazione di questi doni) e della *Redditio* (il ridistribuire questi doni ad altri).

Ascoltami, ti prego, con lo stesso cuore aperto con cui ti parlo, cominciando dalle domande che entrambi abbiamo dentro.

I.

INTERROGATIO: L'INQUIETUDINE DEL CUORE

1. Ascoltare le domande vere

Vorrei farmi tuo compagno di strada: ascoltare le domande vere del tuo cuore, confessarti le mie. Questo è importante: non è possibile trovare e dare risposte, se non si sono riconosciute le domande. Una "regola di vita" vorrebbe anzitutto essere un tentativo di dare risposte a domande vere (o forse, più modestamente, l'indicazione di un tracciato, lungo il quale cercare e incontrare risposte vere).

2. La domanda radicale: la morte

Provo, dunque, a mettere in gioco fino in fondo me stesso, ad aprire il mio cuore: se vi guardo dentro, trovo tante gioie e dolori e tante domande aperte, che forse sono anche le tue. Come stanno insieme i dolori e le gioie della vita? Quando si pensa a tante sofferenze della gente (e me ne giungono gli echi ogni giorno e ogni ora), qualunque godimento, anche il più legittimo e semplice, sembra scolorire, appare come stonato. Perché invece ha senso? come si conciliano le gioie autentiche di questo mondo con le prospettive di morte? perché la morte nel mondo? perché, se è vero che Dio ci ha salvato, non ci ha liberato dalla necessità di morire? e, dietro la morte, tutti i dolori e le angosce dell'esistenza umana: perché questo immenso cumulo di violenze, ingiustizie e solitudini? Sembra che il non senso l'abbia vinta su tutti i fronti: fare i conti con la miseria che copre la terra significa riconoscere la grande difficoltà che tutti incontriamo nel renderci padroni della complessità, nel trovare ragioni che giustifichino la fatica di vivere.

3. *Il silenzio di Dio*

Perché il Signore sembra tacere? perché Lui, che è l'Onnipotente, non si manifesta con lo splendore della Sua verità e lo sfolgorìo della Sua onnipotenza? perché quella Sua apparente indifferenza davanti alla quotidiana commedia e tragedia della nostra vita? è proprio vero che Gli stiamo a cuore? che siamo importanti per Lui? tutti e ciascuno? Non stupirti che sia anch'io a farmi queste domande: me le porto dentro e ogni giorno inquietano la mia fede e mi rendono pensoso e in ricerca. Anche nel cuore del Vescovo abitano gli interrogativi che ci fanno umani, così fragili davanti alla vita, alla malattia, alla morte.

4. *Dall'interrogare all'essere interrogati*

A pensarci bene, tutte le domande che ho ricordato sono rivolte a Dio: è per noi quasi spontaneo chiederGli conto e ragione di questo mondo.

Se Dio c'è, è Lui che lo ha voluto, così come esso è. E tuttavia, non è forse la critica smaliziata del pensiero moderno che si è abituata a chiamarLo in giudizio davanti alla clamorosa smentita che il dolore del mondo darebbe della Sua provvidenza e del Suo amore? In questo siamo un po' tutti figli dell'epoca moderna, della sua ragione cosiddetta "adulta ed emancipata". E se provassimo a capovolgere la domanda, a passare dall'interrogare all'essere interrogati? e se consentissimo a Dio di porci Lui le Sue domande?

5. *L'invadenza dell'Io*

Mi chiedo allora quali potrebbero essere le domande di Dio: se penso al Suo giudizio, se mi immagino davanti a Lui, al Suo sguardo penetrante e creatore, non posso non riconoscere come il mio cuore sia mosso tante volte da motivazioni spurie, o, per dirla tutta, da un'invadenza dell'Io, che vuole stare al centro e misurare su di sé tutte le cose, e perfino l'agire di Dio! Anche per un'epoca come la nostra, che non percepisce la consistenza e la drammaticità del peccato, non dovrebbe essere difficile riconoscere le conseguenze di questa invadenza nella vita degli uomini: penso alla fatica che tutti facciamo ad uscire dalle pastoie delle nostre motivazioni egoistiche; penso alla facilità con cui ci lasciamo prendere da logiche particolaristiche, incapaci come siamo di guardare al di là del nostro piccolo calcolo. Le domande che Dio ci fa sono spirito e vita, perché ci invitano a riconoscere le ragioni del nostro disagio di vivere e della nostra mancanza di felicità e di pace anzitutto in noi stessi, nella fatica e nella paura di amare che ci portiamo dentro, nel sospetto di non essere amati, nella diffidenza di fronte a ogni atteggiamento di amore gratuito.

6. *La perdita dell'ingenuità*

E' così che capisco la verità su me stesso: è come un prendere coscienza del proprio egoismo e della propria fragilità, che fa cadere l'ingenua magia di pensare che bastino le buone intenzioni per cambiare il mondo e la vita. C'è veramente una differenza stridente fra l'altezza dei buoni propositi e la presenza del male e dell'egoismo in ciascuno di noi: forse è questo ciò che Dostoievski chiamava "l'abisso dei doppi pensieri". Fai qualcosa di bene e t'accorgi che dentro il tarlo del tuo Io non ti abbandona. T'accorgi che è sempre grande la potenza del peccato. Gli alti e i bassi si susseguono con un'impressionante frequenza: e non solo sul piano psicologico, ma su quello più profondo delle scelte del cuore, degli orientamenti della vita.

7. *La via più difficile*

Certo, occorre imparare a convivere con noi stessi, ad accettare questa permanente instabilità psicologica e spirituale. Ma ciò esige di capirne il perché, domandandoci come anche attraverso questo cammino contorto Dio ci ami e voglia farci suoi figli. Accettare che dalla morte venga la vita ci ripugna: eppure deve essere proprio così, se il Signore ci lascia in questa lotta, che sembra pervadere l'universo intero. Forse, però, è proprio questa ripugnanza ad accettare e scegliere la via dell'amore fino alla morte che mostra al tempo stesso la condizione tragica del peccato e il bisogno che noi tutti abbiamo di imparare ad amare con un aiuto che ci venga dall'alto: in questo senso, la fatica a credere che un Dio sia morto in croce è la riprova della necessità di questa morte. Il cristianesimo non è la risposta banale alla domanda del dolore e della morte, una risposta che giustifichi tutto o tutto copra sotto l'incomprensibile giudizio divino. Il cristianesimo è la "lectio difficilior", la via più difficile, che prende sul serio la condizione universale di morte e di peccato, e proprio così annuncia la compassione di un Dio che si fa carico di questa morte e di questo peccato per sollevare e salvare ciascuno di noi.

8. Il Dio "sofferente" e la legge della Croce

Il passo ulteriore è dunque arrivare a intuire che Dio sta dalla nostra parte e partecipa al dolore per tutto questo male che devasta la terra. Egli non se ne sta come uno spettatore disinteressato o un giudice freddo e lontano, ma "soffre" per noi e con noi, per le nostre solitudini incapaci di amare, perché Lui ci ama. La "sofferenza" divina non è incompatibile con le perfezioni divine: è la sofferenza dell'amore che si fa carico, la "com-passione" attiva e libera, frutto di gratuità senza limiti. Sempre più, nel cammino della vita, sotto i colpi di luce del Vangelo, il Dio di Gesù Cristo mi è apparso come il Dio capace di tenerezza e di pietà fino al punto da "soffrire" per i peccati del mondo. Un Dio tenero come un Padre e una Madre, che non rinnega mai i suoi figli. Un Dio umile, che manifesta la Sua onnipotenza e la Sua libertà proprio nella Sua apparente debolezza di fronte al male. Un Dio che per amore accetta di subire il peso del nostro peccato e del dolore che esso introduce nel mondo. Proprio così, però, nella morte di Gesù sulla croce, Dio ci insegna a trarre il bene dal male, la vita dalla morte. Appare allora contraddittorio il nostro continuo voler essere gratificati da tutti e da tutto, a cominciare da Dio, mentre lo contempliamo crocifisso.

Come vorrei che tutti a questo punto capissero che il mistero di un Dio morto e risorto è la chiave dell'esistenza umana e il succo del Vangelo e della nostra fede! Eppure contro questa roccia del "mistero pasquale" vanno a cozzare tutte le onde delle nostre resistenze, mentre diciamo con Pietro: «Dio te ne scampi, Signore: questo non ti accadrà mai!» (Mt 16,22). Eppure proprio qui si ricongiungono i nodi del rapporto che lega morte e vita, dolore e gioia, fallimento e successo, frustrazione e desiderio, umiliazione ed esaltazione, disperazione e speranza. Quando la "legge della Croce" ci tocca, ci sconvolge e ne siamo profondamente turbati: ma solo qui si attua la piena liberazione dal male, fino ad accettarne le conseguenze su di sé per perdonarlo e superarlo, come ha fatto Gesù sulla croce.

9. *Arrendersi a Dio*

Per sciogliere l'apparente assurdità della vita non c'è allora che una via possibile: rimettermi continuamente di fronte ad essa, senza sfuggirvi, e arrendermi contemporaneamente senza riserve nelle mani del Dio umile e sofferente, del "Dio crocifisso". Solo abbandonandomi perdutamente a Lui, solo capitolando nelle Sue mani potrò riprendere nelle mie il bandolo della matassa intricata della vita. Dio è il Mistero santo, Gesù Cristo in croce è la Custodia silenziosa, in cui riposa il senso della vita e della storia, il senso del mondo.

10. *Dal riconoscimento alla riconoscenza*

Come arrivo a questa conclusione così certa e definitiva? come la luce del Vangelo raggiunge e afferra quotidianamente la mia vita? come avviene che ancora e sempre di nuovo questa luce getti sprazzi sulle mie domande, e mi aiuti a vivere e ad illuminare per me e per gli altri la fatica di vivere? Posso rispondere solo così: io mi sento amato, sommamente, da Qualcuno più grande di noi tutti. Mi sento chiamato e attratto, come uno che non può fare a meno di Dio, del Dio di Gesù Cristo. Anche se difficile e contrastata, sento e so che questa scelta è l'unica valida. Non è volontarismo: è riconoscimento. Riconosco che al termine di tutte le mie domande senza risposta c'è il suo Mistero santo, e c'è precisamente come il Signore Gesù ce lo ha rivelato sulla croce: mistero di amore infinito che si consegna, Trinità dell'Amante, dell'Amato e dell'Amore, che ci accoglie nel Suo grembo, e ci custodisce negli abissi di amore della Sua vita. E il riconoscimento si trasforma in riconoscenza: sono grato al mio Dio perché mi so amato da Lui, «nascosto con Cristo in Dio» (Col 3,3), anche quando non riesco a sentirlo con i miei poveri sensi umani.

11. Nella Chiesa

Mi potresti obiettare: "Ma questa è la tua esperienza, non la mia. Tu sei un privilegiato. Per me non è così. Se puoi, insegnami come si fa a vivere la propria vita in Dio". Vorrei allora risponderti che proprio per questo ho scritto questa *Regola di vita*, per dirti in forma semplice e breve dove è possibile incontrare il Dio che è il nostro Tutto, il Dio della compassione e della misericordia, il Dio che si fa compagno del nostro dolore e ci aiuta a portarne il peso, dandogli senso. Questo Dio puoi trovarLo nella Chiesa: nel suo annuncio, che è il Vangelo di Gesù e dei fatti storici e indubitabili della sua vita; nei suoi Sacramenti, che sono la presenza sensibile di Lui, che si è offerto per noi alla morte e ci ha donato la vita; nella compagnia di quanti, credendo, sono stati resi fratelli e sorelle nello Spirito di Gesù e - pur con tutti i loro limiti - si sforzano ogni giorno di imparare a credere, sperare ed amare. Il dono di Dio è ricevuto e trasmesso nella Chiesa, Suo popolo: ed è in essa che ci si accorge che la vita vera viene dal di fuori, da Dio, in un contesto ragionevole, serio, segnato dalla fragilità, ma significativo e liberante. Nella Chiesa mi riconosco amato e reso capace di amare, nonostante me stesso, le mie contraddizioni e paure. Credo veramente che anche per te possa essere così. Perciò voglio parlarti di ciò che questa Chiesa - la nostra, cattolica e ambrosiana al tempo stesso - ci trasmette (*traditio*); di come noi riceviamo in essa il dono dall'alto (*receptio*); di come a nostra volta possiamo trasmettere ad altri con gratuità quanto gratuitamente abbiamo ricevuto (*redditio*). Prova ad ascoltarmi: rivolgo anche a te la parola di Gesù ai primi due discepoli: «vieni e vedi»...

II.

TRADITIO:
I DONI DI DIO CHE CI SONO TRASMESSI NELLA CHIESA AMBROSIANA

12. *Il Vangelo e lo Spirito, regola di vita*

La regola di vita del cristiano è il Vangelo del Signore Gesù, vissuto nella grazia dello Spirito Santo effuso nei nostri cuori, a gloria di Dio Padre: «Tutto è Cristo per noi» (S. Ambrogio, *La verginità*, 16, 99). «Finché sono in via, sono di Cristo; quando sarò giunto, sarò del Padre; ma dappertutto per mezzo di Cristo e sotto di Lui» (Id., *La fede*, V, 12, 150). In quanto è lo Spirito a rendere presente in noi il Signore Gesù, è anche lo Spirito - Maestro interiore - ad insegnare a ciascuno che lo ascolti la regola del cammino d'ogni giorno: «Siamo segnati da Dio nello Spirito. Come infatti moriamo in Cristo per rinascere, così anche siamo segnati dallo Spirito per poterne portare lo splendore, l'immagine e la grazia» (Id., *Lo Spirito Santo*, I, 6, 79). Alle domande vere non rispondiamo noi, ma ci è data risposta lì dove Dio ha parlato nel silenzio, cioè nella croce di Cristo.

13. L'evento del battesimo

La regola di vita semplice e grande, che è il Vangelo del Signore Gesù, ci viene consegnata nel momento del battesimo e viene accolta da noi in quello stesso momento mediante la professione di fede, con cui noi, o i nostri genitori, padrini e madrine, a nome nostro, abbiamo dichiarato di credere in Dio Padre, nel Figlio Suo Gesù Cristo, morto per i nostri peccati e risorto per la nostra salvezza, e nello Spirito Santo, che è Signore e dà la vita e ci aiuta a camminare in Dio finché il Suo volto sia pienamente manifestato in noi nella Sua gloria. E' dunque nel battesimo che veniamo accolti nel cuore della Trinità e la vita e l'amore dei Tre sono comunicati al nostro cuore.

14. La Tradizione vivente

L'evento del battesimo ci inserisce così al tempo stesso nella vita della Trinità e nella Tradizione vivente della Chiesa, che per noi è quella della Chiesa di Sant'Ambrogio e di San Carlo, identica a quella di tutte le altre Chiese. La fede ricevuta e professata nel battesimo illumina le domande vere del cuore e ci permette di trovare risposte capaci di sostenerci nella vita e di fronte alla morte. In questa fede possiamo comprendere qual è la vocazione profonda di ciascuno di noi, quali le condizioni per discernere e vivere la volontà di Dio. Questa stessa fede ci fa capire che siamo chiamati a essere figli di Dio e a vivere come tali, ci insegna il cammino delle beatitudini evangeliche, che ci rendono simili a Gesù, Figlio del Padre.

15. *La "Traditio Symboli"*

Nel Simbolo della fede noi professiamo di credere *in* Dio: il "credere in" vuol dire l'atto dell'incondizionata adesione e dedizione della vita e del cuore a Lui, l'affidamento senza riserve alle tre Persone divine che sono l'unico Dio, l'ingresso vitale e trasformante nel dialogo del loro eterno amore. Ogni volta che nella liturgia professiamo il Credo siamo chiamati ad affidare incondizionatamente al Mistero santo di Dio le nostre domande, le nostre inquietudini, la nostra fatica di vivere e la nostra paura di morire. In modo particolare la nostra Chiesa ambrosiana rinnova questa solenne accoglienza della fede nella celebrazione annuale della *Traditio Symboli*, nel sabato precedente la Domenica delle Palme.

16. *Il tesoro delle Scritture*

Insieme con il Simbolo il battezzato accoglie la pienezza dei tesori della Chiesa contenuti nelle *Sacre Scritture*, ispirate dallo Spirito Santo, «che ha parlato per mezzo dei profeti». Tutte le Scritture danno testimonianza su Gesù e vanno interpretate a partire dal mistero della Sua morte e risurrezione. La venerazione e la conoscenza amorosa delle Scritture, insegnata da Sant'Ambrogio a Sant'Agostino, fa parte dell'identità di ogni battezzato e cresce con lui per tutta la sua esistenza. La Parola di Dio sta al principio della nostra vita di fede e continuamente la nutre e la rinnova. Essa è la sorgente, che illumina le domande del cuore e rigenera le forze nel cammino. Da essa estraiamo continuamente «cose nuove e cose antiche» (Mt 13, 52), in essa penetriamo «le cose nascoste fin dalla fondazione del mondo» (Mt 13, 35), perché: «in principio è la Parola».

17. *Il silenzio contemplativo*

Per accogliere la Parola occorre coltivare *il silenzio contemplativo,* la capacità di rientrare nel nostro intimo, di ritrovare il centro di noi stessi, vincendo l'ansietà e la fretta che ci divorano e fermandoci ad ascoltare le domande vere per ricevere su di esse la luce del Dio che parla. Così faceva Maria di fronte agli eventi sconcertanti e imprevisti che la coinvolgevano. La «dimensione contemplativa della vita» ci è necessaria per cominciare un autentico cammino di fede e perseverare in esso in mezzo alle vicende tumultuose che segnano la nostra esistenza, ai turbamenti e alle contraddizioni che attraversano il nostro cuore.

18. *L'Eucaristia*

La Parola si fa carne del Signore nell'*Eucaristia*, centro di tutta la nostra comunità e della sua missione. Il Signore Gesù, che ha detto «Attirerò tutti a me», continua ad attrarre a sé l'universo e tutti gli uomini e le donne della nostra terra per unirli a sé nel suo dono al Padre. Egli si offre a noi sotto le specie della debolezza e dell'insignificanza come pane di vita che ci sostiene nel cammino, facendosi compagno compassionevole della nostra fatica di vivere: «non temete...io sono con voi tutti i giorni».

19. Il senso della vita

Dalla fede professata, nutrita dalla Parola di Dio e dall'Eucaristia, emerge quel senso della vita, che si può sintetizzare nella frase di Sant'Ambrogio: «Tutto è Cristo per me». Il cristiano è colui che sempre e dappertutto si sforza di essere con Cristo e di vivere per Cristo nella sequela di Lui. Questo significa vincere il senso di vuoto e di insignificanza che tante volte ci tenta e confessare con la vita Colui che sconvolge continuamente le nostre attese e proprio così dà pace al nostro cuore inquieto. Egli ci sussurra dalla croce: «Sarai con me in Paradiso!» e ci dà così la speranza certa che un giorno saremo con Lui.

20. Tu sei il mio tutto!

Accogliendo sempre di nuovo il dono di Dio, vorrei confessare insieme con te la gratitudine e la gioia che esso suscita in me, nonostante me stesso e tutte le mie povertà:

Mio Dio, tu sei il mio tutto!
Ti adoro,

Ti amo con tutto il cuore,
Ti ringrazio di avermi creato
e di avermi chiamato
ad essere Tuo figlio in Gesù Cristo
per mezzo del battesimo,
facendomi membro vivo di questa Chiesa ambrosiana,
conservandomi fino a questo momento nel Tuo amore
per la grazia dello Spirito Santo.

Ti offro la mia confessione di lode,
piena di gratitudine e di speranza,
e desidero vivere
secondo la fede ricevuta nel battesimo,
pregando, amando, soffrendo e morendo
come ha vissuto, amato, pregato, sofferto
ed è morto per noi
il Tuo Figlio Gesù Cristo,
nel quale anch'io sono Tuo figlio,
come Tu mi sei Padre in Gesù, mio Signore,
nello Spirito di verità e di amore,
nella comunione della Chiesa cattolica,
vissuta in questa Chiesa di Milano.

Accogli questo desiderio e questo impegno
così come hai accolto le primizie dei frutti
dai Tuoi figli giunti nella terra promessa.
Amen. Alleluia!

III.

RECEPTIO:
L'ACCOGLIENZA DEI DONI RICEVUTI

21. *Il soggetto della "Receptio"*

Chi sono io che ricevo questi doni di Dio? Un uomo che sente la fatica della condizione umana, segnata dall'ingiustizia e dalla fragilità, dall'inadeguatezza e dall'incompetenza; un essere fragile e in ricerca, che ho descritto nella prima parte di questa *Regola* (*Interrogatio*) e che sempre ha bisogno di essere sostenuto, nutrito, rianimato dalla misericordia e dalla salvezza che ci sono date in Gesù Cristo.

22. *La "Receptio" anzitutto nella preghiera*

Questi doni, ricevuti nella *Traditio*, sono gratuiti, immeritati e inattesi. Il *luogo* in cui questa gratuità si manifesta, in cui i doni di Dio ci raggiungono nell'oggi e cambiano il nostro cuore è anzitutto la *preghiera*, sia personale che liturgica. Bisogna però cominciare con qualcosa di molto semplice: le preghiere del mattino e della sera e quelle brevi invocazioni durante la giornata ("Signore, aiutami!"; "Signore, abbi pietà di me!"...) che ci "attaccano" a Dio quando stiamo scivolando sulla parete ripida della quotidianità.

23. Che cosa è la preghiera?

La preghiera è anzitutto risposta alla Parola di Dio che per prima mi interpella e che mi raggiunge nella mia debolezza, ma anche nel mio silenzio e nella mia disponibilità all'ascolto. La preghiera è lasciarsi accogliere nel mistero santo, andando per Cristo nello Spirito al Padre: il cristiano più che pregare *un* Dio, straniero e lontano, prega *in* Dio, prega nascosto con Cristo nella Trinità, sorgente e grembo di vita. Quando preghi, allora, più che pensare di essere tu ad amare Dio, lasciati amare da Lui, docilmente, ciecamente, tutto abbandonandoti in Lui, tutto affidando a Lui, in spirito di lode e di rendimento di grazie. Chiediti con me: trovo dei momenti in cui mi metto a tu per tu con Dio, lo ascolto, mi apro a Lui?

24. Preghiera, Sacramenti, Parola, Carità

Da sempre, e sul modello ispirato da Sant'Ambrogio, la Chiesa milanese ha dato grande importanza alla celebrazione dei divini misteri, preceduta e seguita dalla proclamazione del messaggio di salvezza nell'annuncio e nella catechesi e al tempo stesso ricca di frutti di carità vissuta. Preghiera, Parola, Sacramenti, esercizio della carità costituiscono così il tessuto della *Receptio*, il terreno nel quale riceviamo ogni giorno nella Chiesa i tesori della rivelazione divina e li accogliamo nel nostro cuore inquieto e resistente.

25. La Parola accolta nella "Lectio divina"

Aiuto indispensabile per vivere nella concretezza del nostro tempo la vocazione cristiana è l'ascolto perseverante della *Parola di Dio*, che apre il cuore a ringraziare Dio dei Suoi doni nel dialogo della fede, fa riconoscere e discernere nel pentimento i peccati che appesantiscono la vita quotidiana e consente di riconoscere le vie di Dio per noi e di rinnovare il nostro sì alla Sua chiamata. Nasce così la *Lectio divina* che riceve con attenzione e riverenza le parole e i gesti del Figlio (*lectio*: lettura), in essi ricerca il messaggio perenne che viene dal silenzio del Padre (*meditatio*: meditazione) e si offre all'azione dello Spirito per entrare nel cuore della Trinità (*contemplatio*: contemplazione) e imparare a vivere e a scegliere secondo Gesù Cristo, Parola del Padre, Unto dallo Spirito (*actio*: azione). Sarai felice se ti impegnerai a fare la *Lectio* possibilmente ogni giorno.

26. La Scuola della Parola

La Scuola della Parola è stata voluta per aiutare in particolare i giovani a fare la *Lectio divina* e così ad accogliere il grande dono che il Signore ci ha fatto comunicandosi a noi nella rivelazione e a discernere la Sua volontà sulla nostra vita.

27. *La vita sacramentale*

«Tu ti sei mostrato a me faccia a faccia, o Cristo: io ti trovo nei tuoi sacramenti» (Sant'Ambrogio, *Apologia del profeta Davide*, 12, 58): nei Sacramenti è Cristo che si fa presente e viene ad incontrare la vita dei cristiani e la storia in cui essi sono posti. Nella parte precedente (*Traditio*) abbiamo già ricordato il posto fondante del battesimo e la posizione centrale dell'Eucaristia. Qui richiamerò brevemente qualche altro aspetto della vita sacramentale.

28. *Il sacramento della penitenza*

Decisiva per il discernimento della volontà di Dio su ciascuno è la purezza di cuore: «Beati i puri di cuore, perché vedranno Dio» (Mt 5,8). Chiedo perciò a te che leggi questa *Regola di vita* di celebrare con fiducia il sacramento della *riconciliazione o penitenza*, nel quale riconoscere gli innumerevoli doni del Padre nel cammino della tua esistenza (*confessio laudis*), confessare umilmente ciò che non va nella tua vita, ciò che tu vorresti che non ci fosse stato e che non ci fosse oggi (*confessio vitae*) e professare la tua fede nella infinita e sempre presente misericordia del Padre che ti perdona per la parola della Chiesa (*confes-*

sio fidei). Ti consiglio di rinnovare frequentemente questo incontro con il Padre della misericordia attraverso il ministero di riconciliazione nella Chiesa.

29. L'accompagnamento spirituale

L'incontro costante con una guida spirituale, saggia ed esperta nelle cose di Dio, anche al di là del sacramento della penitenza, è sostegno prezioso nel cammino di santità vissuto nel quotidiano. La vita di tanti nostri santi ambrosiani lo dimostra.

30. La confermazione

Se la regola di vita del cristiano è anzitutto il dono dello Spirito, si comprende quanto sia importante il sacramento della *confermazione*, in cui il sigillo del Consolatore rende il credente capace di testimoniare in pienezza il dono di Dio nelle diverse situazioni della vita: «Hai ricevuto il sigillo spirituale, lo spirito di sapienza e di intelletto, spirito di consiglio e di virtù, spirito di conoscenza e di pietà, spirito del santo timore: conserva quanto hai ricevuto. Ti ha segnato Dio Padre, ti ha confermato Cristo Signore e lo Spirito come pegno si è dato al cuore del tuo cuore» (Sant'Ambrogio, *Sui misteri*, 7, 42).

31. *Vita secondo lo Spirito*

Chiedo perciò a tutti i figli della Chiesa ambrosiana di valorizzare al massimo nella loro vita questo sacramento dello Spirito, sia che lo abbiano già ricevuto, sia che si stiano preparando ad esso. Vivere secondo lo Spirito significa lasciarsi guidare dal dono di Dio, confortati e sostenuti in ogni situazione dalla certezza della presenza fedele di Gesù, che non viene mai meno alle Sue promesse. Lo Spirito Santo attualizza nel tempo la vicinanza del Signore Gesù e lo fa vivere per la fede nei nostri cuori, aiutandoci ad esprimere la conformità a Cristo ricevuta in dono nel battesimo.

32. *La Messa domenicale*

Chi ascolta fedelmente la Parola e si lascia condurre dallo Spirito si dispone a celebrare con frutto nel giorno del Signore l'*Eucaristia*, che ci fa Chiesa, perché riattualizza nella nostra vita e nella storia il dono della nuova alleanza. Questo incontro domenicale è stato vissuto come fondante, e perciò come indispensabile, fin dalla Chiesa degli Apostoli: oggi, in un contesto di secolarizzazione, è più che mai necessario. E una più frequente partecipazione, anche durante la settimana, alla mensa della Parola e del Pane di vita aiuterà straordinariamente la crescita della fede, della speranza e della carità e ci farà passare attraverso il deserto dell'incredulità contemporanea con animo sereno e volto gioioso.

33. *I sacramenti della comunione ecclesiale*

All'esigenza di porre la propria vita al servizio della comunità risponde in modo particolare il dono che il Signore ci ha fatto nei *sacramenti del servizio della comunione*, che sono l'*ordine* e il *matrimonio*. Attraverso di essi la grazia divina soccorre e consacra i vincoli che si stabiliscono nell'ambito della comunità. Perciò questi due sacramenti conferiscono una missione specifica al servizio dell'edificazione del popolo di Dio.

34. *Il discernimento vocazionale*

Al discernimento della vocazione di ogni battezzato in rapporto sia a queste due forme sacramentali sia a ogni scelta significativa e seria della vita la Chiesa ambrosiana dedica particolari energie. Ogni persona infatti si realizza se riesce a capire e a vivere il disegno unico che Dio ha su di lei. E' necessario perciò che tutti i fedeli riconoscano l'importanza decisiva del discernimento vocazionale e si adoperino perché ciascun battezzato possa crescere nella comprensione della chiamata di Dio e nella realizzazione fedele del progetto del Signore, nella scelta della vocazione alla famiglia o della vita consacrata o della missione presbiterale.

35. Scambio tra le diverse vocazioni

Ritengo una vera grazia, da coltivare e promuovere, lo scambio di doni e di ricchezze spirituali che si può realizzare tra diverse vocazioni nella Chiesa, in particolare tra le varie forme di vita consacrata mediante la professione dei consigli evangelici e gli altri ministeri presbiterali, diaconali e laicali. Questo scambio si attua nel dialogo, nella collaborazione e nella preghiera comune.

36. Il sacramento dei malati

Alla debolezza e fragilità della creatura umana nel tempo della malattia grave e dell'infermità prolungata viene incontro ancora una volta il Signore nel sacramento dell'*unzione degli infermi*. Esso manifesta la vittoria del Signore sul peccato e sulle sue conseguenze. Gesù infatti «andava attorno per le città e i villaggi... curando ogni malattia e infermità» (Mt 9,35). Anche agli Apostoli è dato il potere di «scacciare gli spiriti immondi e di guarire ogni sorta di malattie e d'infermità» (Mt 10,1).

37. *Il valore salvifico del dolore*

Riscoprire nella nostra vita ecclesiale il significato di questo sacramento porta anche a riflettere più in generale sul valore salvifico del dolore, vissuto in Cristo e con Lui per la salvezza del mondo. La compassione fattiva e discreta verso i sofferenti, la solidarietà per aiutarli a vivere essi stessi con fede il loro dolore sono aspetti decisivi di questa riscoperta della nostra crescita nella sequela di Gesù umile, povero e crocifisso.

38. *Dalla "Receptio" un modo di essere Chiesa oggi*

Così la nostra Chiesa di Milano si sforza di recepire i doni del Signore per mostrare che anche in una società tecnicizzata e urbanizzata è possibile promuovere comunità che vivano il Vangelo nella semplicità e nella gioia. Questi doni sono per tutti i nostri battezzati, ai quali dobbiamo offrire cammini semplici di vita secondo lo Spirito perché continui a fiorire quella "santità popolare" che tanti frutti ha dato e continua a dare fino ai nostri giorni. Ti invito perciò a pregare così con me:

Signore Gesù,
Tu sai come io avverto
la fatica della condizione umana,
il peso dell'ingiustizia e della fragilità,
dell'inadeguatezza e della paura di amare:

grazie per essermi venuto incontro
nella Tua Parola e nei Sacramenti;
grazie per avermi accolto con Te
nel cuore del Padre,
attirandomi nello Spirito
a vivere il deserto fecondo della preghiera,
dove parli al cuore del mio cuore.
Fa' che io sappia ricevere sempre
con attenzione e riverenza le Tue parole,
per entrare attraverso di esse
nel mistero santo di Dio,
e camminare nei sentieri del silenzio,
sotto la guida e nel conforto dello Spirito.
Aiutami ad attingere continuamente
l'acqua viva della Tua grazia
alle sorgenti sacramentali della Chiesa,
e donami l'umiltà e la docilità di cuore
perché accetti di lasciarmi guidare
con fiducia e con amore
da chi mi offri come maestro e pastore
nelle vie della fede.
Rendimi vigile e attento
nel discernimento della volontà del Padre,
perché io possa in tutto portare a compimento
la vocazione con cui da sempre Lui mi ha voluto
e mi ha amato.
Nell'ora del dolore e della prova
donami la certezza di non essere solo,
ma di saperTi e volerTi vicino,
per vivere con Te la mia offerta
nella sequela umile e fiduciosa di Te.

E fa' che da questa accoglienza
perseverante e fedele dei Tuoi doni
io sia generato sempre di nuovo
come figlio della luce,
e sappia percorrere
con i miei compagni di fede e di vita
cammini di santità,
che facciano di noi il Tuo popolo
risplendente di luce e di speranza
in questa terra benedetta dalla testimonianza
di Sant'Ambrogio e di San Carlo,
del beato Cardinal Ferrari
e del beato Cardinale Schuster,
della beata Gianna Beretta Molla
e di tanti altri santi.
Amen. Alleluia!

IV.

REDDITIO:
LA RESTITUZIONE DEI BENI ACCOLTI

39. Comunicare quanto ci è stato dato

Quanto abbiamo gratuitamente ricevuto da Dio attraverso la tradizione vivente dei nostri Padri e abbiamo assimilato mediante l'ascolto della Parola e la celebrazione dei Sacramenti, dobbiamo a nostra volta offrirlo gratuitamente a coloro a cui il Signore ci manda e attraverso di essi restituirlo a Lui, il Padre da cui viene ogni dono, meta vera del nostro cammino. Siamo tutti chiamati a "comunicare", mossi dall'amore comunicativo della Trinità. La gioia che il Risorto ci fa provare spiegandoci le Scritture e rompendo il pane ci spinge a "partire da Emmaus" per ridare a molti altri quel senso pieno della vita che ci è stato donato.

40. Accoglienza e dialogo

Potremo vivere questa *Redditio* cominciando dalla *accoglienza* fraterna, anzitutto fra i credenti. Ci accogliamo gli uni gli altri come figli di questa Chiesa ambrosiana, nella sua realtà di Diocesi e nelle sue diverse articolazioni, che raggiungono ciascuno nell'ambito della propria parrocchia. Questa appartenenza ci allarga il cuore e ci apre anche a molti altri. Il cristiano radicato nella propria Chiesa locale non fa preferenza di persone, ma a tutti mostra l'accoglienza che mostrerebbe al Signore Gesù, se questi in persona si presentasse a lui. Per questo ama e coltiva il dialogo ecumenico e il dialogo interreligioso, a partire da una coscienza della propria identità che è così certa e serena da lasciarsi volentieri arricchire dai tesori degli altri.

41. Farsi prossimo

La tradizione della Chiesa ambrosiana è ricchissima di testimonianze di accoglienza, specialmente nei confronti dello straniero, del più povero e del più debole. Anche per la sua posizione geografica, il nostro territorio ha accolto e ospitato nei secoli genti delle più diverse provenienze. Pertanto, dare il giusto posto nel cuore e nei propri doveri a chi ci è affidato anzitutto dal Signore non potrà mai significare chiudersi agli altri, dovrà anzi coniugarsi allo sforzo di farsi prossimo a ogni uomo o donna, facendo spazio nella casa, nella comunità ecclesiale e nel cuore a chi ha più bisogno di accoglienza, a cominciare dalla vita nascente. Forme come l'affido familiare o l'adozione, scelte di solidarietà e di condivisione con lo straniero, l'emarginato, il malato, l'indifeso, il debole, l'anziano, il bambino solo, esperienze di volontariato vissute con piena gratuità e dedizione, sono urgenze di una vita cristiana che tenda alla santità nel quotidiano.

42. *Coscienza vigile della società*

Nella varietà delle situazioni della vita il cristiano è chiamato a scegliere sempre ciò che più piace a Dio. Nell'ascolto perseverante della Parola, aiutato dal dialogo della fede nella comunione della Chiesa, il credente impara ad essere coscienza vigile della società, critico della miopia di tutto ciò che è meno di Dio, pronto alla denuncia di quanto offenda o manipoli la dignità dell'essere umano, sciolto e deciso nell'annuncio della fede, pagato anche a caro prezzo, perché si promuova tutto l'uomo in ogni persona umana. In una società segnata dalla comunicazione di massa il discernimento di queste scelte non è sempre facile: richiede che si tenga davanti agli occhi il modo di fare di Gesù, che è venuto non per essere servito, ma per servire e dare la sua vita per noi.

43. *Nel campo sociale e politico*

In modo particolare questa coscienza critica, nutrita dalla contemplazione della croce e ispirata alla speranza che non delude, dovrà guidare i cristiani ambrosiani che si impegneranno nel servizio della cosa pubblica, in campo sociale e politico. Ad essi è specialmente domandato di imitare Gesù nella propria vita, non solo nel rispetto della legalità e nella disponibilità a spendere la propria esistenza secondo la volontà del Signore e il bene più grande del prossimo, ma anche fino al punto di seguire Gesù nella via della solitudine e dell'abbandono, se egli lo chiedesse. Non sarà possibile realizzare queste forme di carità politica e sociale se non ci si eserciterà nella quotidiana rinuncia a se stessi, nell'accoglienza e nel servizio generoso e fedele degli altri.

44. Spiritualità del lavoro

Nell'esercizio della propria attività lavorativa il cristiano si sforzerà di avere sempre l'intenzione di fare tutto per la gloria di Dio e il maggior bene del prossimo: perciò si verificherà spesso con chi nella comunità o nell'ambiente di lavoro possa aiutarlo, e soprattutto con il Signore nell'ascolto della Parola e nella preghiera, perché il lavoro sia luogo di grazia e di santificazione per sé e per coloro che incontra e siano superate le contraddizioni, le sofferenze e le povertà che pesano sull'esperienza del lavoro umano. Questa spiritualità del lavoro diventa un modo concreto per rendere grazie a Dio dei Suoi doni e vivere il ritorno a Lui di tutto quanto gratuitamente Egli ci ha dato, chiamandoci alla vita e alla fede.

45. Restituire i beni educando

Anche educare significa dare gratuitamente ad altri ciò che gratuitamente ci è stato donato: l'educazione è una forma alta della restituzione dei beni ricevuti, e perciò la Chiesa si riconosce chiamata ad essere comunità educante nella gratitudine a Dio, datore dei doni, e nell'impegno prioritario del servizio alle nuove generazioni. Agli stessi ragazzi e ai giovani è giusto chiedere di essere protagonisti attivi del processo educativo mediante un'accoglienza e una risposta libera, creativa e generosa di fronte a quanto viene loro offerto. Il significato e il valore educativo degli strumenti della comunicazione sociale dovrà essere sostenuto e promosso.

46. La famiglia

La famiglia è un luogo altissimo della realizzazione del progetto di Dio su ciascuno. Nei rapporti quotidiani non ci sono maschere che tengano: ciascuno è chiamato ad essere vero davanti alla propria coscienza e davanti al Signore. Sforzarsi di andare incontro agli altri senza aspettare che siano essi a fare il primo passo, rispettare la dignità di coloro che vivono con noi, privilegiare il dialogo, anche nei momenti di stanchezza e di delusione, vincere la tentazione del mutismo e dell'isolamento, sono modi concreti, possibili, anche se a volte difficili, di seguire Gesù nella propria vita quotidiana. La fedeltà coniugale e il mutuo sostegno diventeranno un riflesso della fedeltà e amorevolezza di Dio. Tanto più forte sarà l'unione di ciascuno con Dio, tanto più facile sarà il vivere la carità e l'umiltà necessaria a fare della famiglia una Chiesa domestica, dove regni l'amore. La preghiera in famiglia, anche nella forma semplice e breve che precede i pasti, è un aiuto grande per vivere tutti insieme alla presenza di Dio.

47. *Lo stile della sobrietà*

La sobrietà come stile di vita personale e familiare, oltre che come caratteristica dell'agire ecclesiale, è non solo una forma di imitazione di Gesù povero e crocifisso, ma anche la contestazione più credibile dei falsi modelli della società consumistica e dell'edonismo diffuso. Essa si coniuga ad una precisa gerarchia di valori, in base alla quale la vera felicità e il vero bene non consistono nel possedere di più, ma nell'essere di più nella verità e nell'amore, cioè nel dono di sé, davanti a Dio. L'uso maturo e responsabile del proprio tempo, la vigilanza nei confronti dei "media", tesa a non farsi dominare dai persuasori occulti della propaganda per mantenere vigile e libero il cuore, specialmente nella sfera dei sensi, sono aspetti importanti di questa sobrietà di vita, di cui altissimi esempi ci hanno dato i santi della Chiesa ambrosiana.

48. *La comunione ecclesiale*

«Il sacrificio più grande da offrire a Dio è la nostra pace e la fraterna concordia, è il popolo radunato dall'unità del Padre e del Figlio e dello Spirito Santo» (San Cipriano, *Sul Padre nostro*, 24). L'accoglienza e il dono di sé al prossimo non possono essere vissuti pienamente se non si è in piena comunione con i propri fratelli e le proprie sorelle nella fede: la comunione ecclesiale (specialmente tra gli operatori pastorali) è richiesta da Gesù come condizione della credibilità del nostro annuncio: «Da questo sapranno tutti che siete miei discepoli, se avrete amore gli uni per gli altri» (Gv 13,35). Non fare mai della propria esperienza spirituale o di gruppo un assoluto è condizione per vivere in comunione con tutti: in particolare a ogni battezzato è richiesta una docile obbedienza di fede al Vescovo e a colui che lo rappresenta nella comunità territoriale, a partire dalla parrocchia. Vivere il senso della Chiesa nel dialogo, nella pace, nell'accoglienza reciproca, nell'umile disponibilità ai diversi ministeri e servizi, dà forza alla testimonianza e allontana le insidie dello spirito di divisione e di sopraffazione degli altri.

49. La missione

Chi ha incontrato il Signore nella comunione della Chiesa non può non sentire il bisogno di annunciare ad altri la buona novella dell'amore di Dio di cui ha fatto esperienza. La Chiesa ambrosiana ha dato nel tempo straordinarie testimonianze di generosità missionaria, non solo all'interno del suo territorio, ma anche inviando numerosi suoi figli quali missionari del Vangelo alle genti. Nutrire lo spirito missionario, favorire le vocazioni per la missione, accompagnare con la preghiera e la vicinanza attiva e solidale chi parte e lavora lontano per la causa del Regno, è segno di maturità nella fede e di crescita nella qualità della vita ecclesiale. Ad ogni cristiano ambrosiano domando di verificarsi nella sua partecipazione all'azione missionaria della Chiesa e di investire tempo ed energia perché la Parola del Dio vivo sia annunciata a tutti e raggiunga tutto l'uomo in ogni uomo, come offerta di senso e di vita piena e vera.

50. Preghiera conclusiva

Signore Gesù, mia vita, mio tutto,
Tu mi chiedi di dare gratuitamente
quanto gratuitamente mi hai donato
in questa Chiesa ambrosiana
dove mi hai chiamato a seguirTi.
Aiutami a condividere con gli altri i doni ricevuti
nello spirito del dialogo
e dell'accoglienza reciproca.
Fa' che io riesca a farmi prossimo
per tutti coloro cui Tu mi invii,
specialmente i più deboli e bisognosi
e quelli che sono più difficili da amare.
Mi stimola in questo l'esempio di tanti santi
che nella storia hai dato
a questa nostra Chiesa:
anche alla loro intercessione mi affido
perché sia vigile e responsabile
nella lettura dei segni del tempo
e testimoni il primato del Padre
nel mio lavoro quotidiano
e nei rapporti familiari e sociali.
Aiutami ad essere sobrio
cercando in tutto l'essenziale,

che piace a Te e mi fa vicino ai Tuoi poveri,
liberandomi da maschere e difese tranquillizzanti.
Dammi amore vero alla Tua Chiesa,
che riconosco mia Madre nella grazia,
perché mi ha generato alla fede in Te
e nel Padre Tuo
mediante il dono del Consolatore.
E fa' che da una viva e forte esperienza
di comunione ecclesiale
scaturisca nel mio cuore il bisogno
di testimoniare ad altri con generosità e passione
la bellezza del dono che Tu hai fatto a me,
insieme a tutti coloro che vivono l'ansia missionaria
per il Tuo Regno.
E Tu, Vergine Madre Maria,
che ti sei fatta terreno dell' avvento di Gesù
nell'ascolto umile ed accogliente dell'Angelo
e sei stata attenta, tenera e concreta
nel comunicare ad Elisabetta la gioia
di quanto avevi ricevuto,
aiutami ad essere come Te
vigile ed impegnato nell'accoglienza
e nella trasmissione del dono
che viene da Dio.
Amen. Alleluia!

CONCLUSIONE

Con questo "Alleluia!" si conclude la *Regola di vita,* che potrà essere in seguito ripresa e rivisitata con l'aiuto delle riflessioni raccolte. Ma rimane la domanda pratica: che cosa fare in concreto quest'Anno pastorale? Riassumo qui i principali punti di impegno.

1. Il Santo Padre vuole che sia un anno dedicato alla «riflessione su Cristo, Verbo del Padre, fattosi uomo per opera dello Spirito Santo» (*Tertio millennio adveniente*, n. 40). Abbiamo perciò scelto per quest'anno centenario della morte di Sant'Ambrogio il motto "Omnia nobis est Christus", "Tutto è Cristo per noi". Parimenti il Papa chiede una «riscoperta del battesimo come fondamento dell'esistenza cristiana, secondo la parola dell'Apostolo: "Quanti siete stati battezzati in Cristo vi siete rivestiti di Cristo"» (ib.). A questo ci aiuteranno anche le speciali indulgenze concesse dal Papa con la Lettera apostolica del 12 maggio 1996 per il periodo dal 6 dicembre 1996 al 7 dicembre 1997.

2. La *Regola di vita del cristiano ambrosiano* intende mostrare concretamente che cosa significa fondare l'esistenza sul battesimo e mettere Cristo al centro della propria vita nella tradizione della Chiesa di Sant'Ambrogio. Perciò viene proposta come testo che sottolinea le ispirazioni di fondo dell'Anno pastorale e come riferimento per predicazioni, ritiri, esercizi, celebrazioni, cammini spirituali ecc.

3. La declinazione pratica degli altri contenuti e iniziative dell'Anno santambrosiano è espressa nel programma contenuto nelle pagine 9-20 di *Lavorare insieme: Sussidi per l'Anno santambrosiano 1996-1997* (ripreso in Appendice). Si tengano presenti i vari appuntamenti di calendario ivi indicati, in particolare la data del 20 ottobre, in cui si rinnoveranno in tutte le parrocchie i Consigli pastorali parrocchiali. Nello stesso programma sono indicate quelle iniziative che ci metteranno in sintonia con la preparazione e la celebrazione del Congresso Eucaristico Nazionale di Bologna (20-28 settembre 1997).

4. Per le iniziative catechetiche di quest'anno si raccomanda di sottolineare il tema della centralità di Cristo (in relazione alla prima parte del *Catechismo degli Adulti* e con riferimento al vangelo secondo Marco). Si veda il sussidio pubblicato in *Lavorare insieme*, pp. 27-35. Aiuterà per questo, in particolare, la *Lectio Ambrosii* prevista per l'Avvento e per la Quaresima.

Tutto dovrà essere misurato e riferito alla centralità di Cristo. Infatti «In Cristo abbiamo tutto. Ogni anima, dunque, gli si accosti: sia essa malata per i peccati della carne o trafitta dai chiodi di una passione mondana, sia imperfetta ma desiderosa di avanzare nell'orazione o già perfetta per le molte virtù; gli si accosti, perché nel Signore è ogni potere ed Egli è tutto per noi» (Sant'Ambrogio, *La verginità*, 16, 99).

+ Carlo Maria Card. Martini.

Arcivescovo

Milano, 31 luglio 1996
Festa di Sant'Ignazio di Loyola

APPENDICE

PROGRAMMA DELL'ANNO SANTAMBROSIANO

1. INTRODUZIONE

S. Ambrogio muore il 4 aprile del 397; quindi l'Anno santambrosiano, dal punto di vista celebrativo, inizierà il 6 dicembre 1996 (Vigilia della Solennità della Ordinazione di S. Ambrogio) e si concluderà il 7 dicembre 1997.

L'Arcivescovo ha disposto che questo centenario sia il punto di riferimento principale per la vita e l'attività della Diocesi nell'Anno pastorale 1996-1997. Nella Lettera pastorale *Ripartiamo da Dio!* ha infatti scritto: «in questa preparazione (n.r. del Giubileo) si inserirà nell'anno pastorale successivo (1996/1997) un Giubileo ambrosiano di grande rilievo: il decimosesto centenario della morte di S. Ambrogio (4 aprile 397). [...] Questo anno pastorale sarà anche il primo dei tre immediatamente precedenti il 2000 e sarà perciò dedicato a Gesù Cristo salvatore (cf *Tertio millennio adveniente*, nn. 40-43). Il motto di S. Ambrogio "Omnia Christus est nobis" - "Tutto è Cristo per noi" - ci aiuterà a cogliere il rapporto tra il primato di Dio e la signoria di Cristo sulla nostra vita e sul mondo» (C.M. Martini, *Ripartiamo da Dio!*, n. 43).

Pertanto:

a. l'Anno santambrosiano, dal punto di vista pastorale, coincide con l'Anno pastorale 1996-1997 e inizierà lunedì 9 settembre 1996;

b. esso però si estenderà nei primi mesi dell'Anno pastorale 1997-1998, destinati alla conclusione del centenario;
c. l'Anno pastorale 1996-1997 ricaverà spunti e accenti rilevanti dalla celebrazione del centenario;
d. questo Anno pastorale è il primo del triennio di preparazione al 2000, previsto dalla *Tertio millennio adveniente*; nel contesto del centenario santambrosiano, la Chiesa ambrosiana accoglie le proposte fatte dal S. Padre in questa Lettera apostolica;
e. per l'Anno santambrosiano il S. Padre concede alla nostra Chiesa un Giubileo straordinario: inizierà il 6 dicembre 1996 (Primi Vespri della Solennità dell'Ordinazione di S. Ambrogio) e si concluderà il 7 dicembre 1997.

2.
L'ANNO SANTAMBROSIANO
(ANNO PASTORALE 1996-1997)

Per la definizione di questo tema si sono ritenute fondamentali le analogie tra l'azione pastorale di Ambrogio, nel contesto del suo tempo, e l'azione pastorale della nostra Chiesa nel momento preciso del suo rinnovamento, a seguito del Sinodo 47°.

2.1. Il magistero e la pastorale di S. Ambrogio nel suo tempo

Ambrogio si è trovato ad operare nell'epoca di passaggio tra il paganesimo e il cristianesimo e quindi in un contesto di contrasti e tensioni tra le due realtà che convivevano nello stesso ambito territoriale.

a. Ebbe quindi come primaria preoccupazione quella di identificare, nel concreto, gli elementi costitutivi dell'esistenza cristiana intesa come accoglienza della Grazia divina e, quindi, come partecipazione alla dignità filiale di Gesù Cristo; secondo questo modello formò i cristiani del suo tempo.

b. Egli pensava così di formare una Chiesa capace di convincere quanti erano ancora legati al paganesimo o condizionati dalle eresie e di interagire positivamente con la società e i suoi poteri, a partire da quello imperiale.

c. Strumenti privilegiati per "costruire" il cristiano e la Chiesa furono per Ambrogio:
   - le Sacre Scritture presentate attraverso una interpretazione "allegorica"; in questo modo egli riusciva a farle stimare dai dotti e nello stesso tempo le rendeva comprensibili alla gente;
   - le catechesi differenziate: ai catecumeni, ai candidati prossimi al battesimo, ai battezzati;
   - la liturgia illustrata nei suoi vari significati;
   - le prese di posizione per fatti intraecclesiali (il problema ariano) e per eventi legati alla società civile.

d. Ambrogio, nei cammini che proponeva ai catecumeni e ai cristiani, fece continuo riferimento alla centralità di Cristo. In particolare, mise in evidenza i seguenti temi:
   - l'annuncio della fede nel Figlio di Dio e nella sua perfetta umanità;
   - il tema del "per noi": l'incarnazione del Verbo come condivisione della nostra esistenza sino alla umiliazione della morte in croce;
   - il primato della redenzione: «Dio si è riposato quando creò un essere cui rimettere i peccati»;
   - l'incontro con Cristo nella Parola;
   - l'incontro con Cristo nei Sacramenti;
   - l'itinerario spirituale del discepolo come incontro che conduce gradualmente alla pienezza e alla concretezza della comunione con Cristo;
   - la carità della Chiesa che trae origine dall'Eucaristia;
   - la Chiesa sposa di Cristo e il suo itinerario spirituale;
   - la venuta finale di Cristo e l'incontro escatologico.

2.2. In analogia con la pastorale santambrosiana, la nostra Chiesa è chiamata a «misurarsi su Gesù Cristo e quindi a ispirarsi continuamente alla sua Parola, ai suoi esempi, così come ce li presenta il Vangelo» (C. M. Martini, *Ripartiamo da Dio!*, n. 23)

a. Nel volto di Cristo risplende il volto del cristiano. Questa verità rivelataci dalla sapienza divina ci mette con rinnovata fiducia di fronte a uno dei compiti più difficili che spettano a chi evangelizza: educare alla fede l'uomo d'oggi affinché ripresenti nella sua vita l'immagine di Cristo.

Questo compito educativo, che la Chiesa sente con particolare urgenza, interroga operatori e comunità circa i criteri e gli strumenti che vengono utilizzati per assolverlo. Non è raro, infatti, vedere come obiettivi e mezzi siano diversi e talora anche in contraddizione.

Dobbiamo perciò chiarire a noi stessi la figura concreta di cristiano che intendiamo proporre e domandarci quali tratti questa figura assuma nelle diverse età e nelle diverse situazioni dell'esistenza.

Queste domande stanno alla base del progetto dell'Anno santambrosiano. Ad esse tenta di rispondere, esplicitandolo per ogni ambito della vita pastorale, il ricco contenuto della frase programmatica «Tutto è Cristo per noi», che fu anche il titolo della prima Lettera pastorale dell'Arcivescovo Giovanni Battista Montini per la Quaresima del 1955.

Prima di ogni nostro operare, infatti, siamo rimandati a Dio. Volendo ripartire da Dio ci pare giusto indicare che possiamo "costruire" il cristiano solo dopo aver sostato a lungo in contemplazione del Figlio suo Gesù Cristo. È lui, ancora una volta, l'immagine di uomo che vogliamo proporre oggi.

b. L'attenzione da Cristo si sposta ora sulla nostra Chiesa. Dopo aver compreso che è Cristo il grande evangelizzatore, colui che forma i cristiani, vogliamo assimilare la sua pedagogia della fede: la Chiesa, avendola accolta da Cristo e dalla sua Parola, intende viverla, trovando in essa la gioia e la forza per rinfrancare i propri passi. Il Sinodo 47°, dono dello Spirito, ha ricordato alla Chiesa ambrosiana che essa evangelizza con l'intera sua vita. All'interno di questa comunità vengono proposti i passi della fede così che il Signore Gesù Cristo venga conosciuto attraverso la vita dei suoi discepoli, coloro che si radunano nel suo nome. Questa Chiesa si preoccupa di essere la Chiesa di Gesù, di assumere i tratti del suo volto; si pone l'obiettivo di vivere il Vangelo e su di esso verifica se stessa, i suoi itinerari e anche tutto quanto l'uomo contemporaneo ha da dirle.

c. Il compito di formare i credenti sta a cuore alla Chiesa ambrosiana che sente di riceverlo da Cristo stesso: perciò vuole vivere l'Anno santambrosiano nell'adesione a Cristo Signore e celebrarlo come una grande pedagogia della fede per l'uomo d'oggi.
A questo riguardo intende proporre "itinerari di fede differenziati" che aiutino a far conoscere Cristo, a entrare in comunione con Lui e ad assumerne l'immagine. Questi itinerari saranno, dunque, strumenti di annuncio, occasioni privilegiate per parlare di Gesù, per educare a celebrarlo e per orientare la vita secondo la sua Parola. Si terrà presente quanto prescrive la *Tertio millennio adveniente* per l'anno 1997 e quanto emerge dal magistero di S. Ambrogio (cf 2.1, d).

d. In questa linea, preziose indicazioni vengono dal Papa che nella Lettera apostolica *Tertio millennio adveniente*, in riferimento al primo anno della fase di preparazione immediata al Giubileo, scrive: «Il primo anno, 1997, sarà pertanto dedicato alla riflessione su Cristo,

Verbo del Padre, fattosi uomo per opera dello Spirito santo. Occorre infatti porre in luce il carattere spiccatamente cristologico del giubileo, che celebrerà l'incarnazione del Figlio di Dio, mistero di salvezza per tutto il genere umano. Il tema generale, proposto per quest'anno da molti cardinali e vescovi è: "Gesù Cristo, unico Salvatore del mondo, ieri, oggi e sempre" (cf Eb 13,8). [...] L'impegno di attualizzazione sacramentale sopra accennato potrà far leva, nel corso dell'anno, sulla riscoperta del battesimo come fondamento dell'esistenza cristiana [...]. Proprio sotto il profilo ecumenico, questo sarà un anno molto importante per volgere insieme lo sguardo a Cristo unico Signore nell'impegno di diventare in lui una cosa sola, secondo la sua preghiera al Padre. [...] Tutto dovrà mirare all'obiettivo prioritario del giubileo che è il rinvigorimento della fede e della testimonianza dei cristiani. [...] Il primo anno sarà, dunque, il momento favorevole per la riscoperta della catechesi nel suo significato e valore originario di "insegnamento degli apostoli" (At 2,42) circa la persona di Gesù Cristo e il suo mistero di salvezza». L'obiettivo prioritario del Giubileo, la riscoperta del battesimo e la catechesi sulla persona di Gesù Cristo e sulla sua azione di salvezza, diventano, per questi cammini di fede, un necessario punto di riferimento e di ispirazione.

e. All'interno dell'Anno pastorale 1996-1997, configurato in questo modo, si potrà così fare adeguata memoria del 40° anniversario della missione di Milano (1957) che, incentrata sulla Parola di Dio, costituì una novità assoluta in confronto ad altri tipi di missione di stampo prevalentemente morale. Questa commemorazione sarà fatta per mezzo di un corso di Esercizi predicati via radio dall'Arcivescovo a tutte le parrocchie.

3
INIZIATIVE PASTORALI PER L'ANNO SANTAMBROSIANO

Presentiamo l'Anno santambrosiano nei suoi diversi tempi indicando le iniziative ad esso legate e gli altri appuntamenti diocesani.

3.1. Tempo della preparazione
(9 settembre - 5 dicembre 1996)

Celebrazione propria dell'Anno santambrosiano

9 SETTEMBRE 1996: (in Duomo)	Inaugurazione dell'Anno pastorale e presentazione della Lettera programmatica

Celebrazioni proprie dell'Anno pastorale

SETTEMBRE 1996:	4 giorni catechisti
13-15 SETTEMBRE 1996:	XIII Convegno diocesano delle Caritas decanali
19 SETTEMBRE 1996:	Inaugurazione della Scuola della Parola per i giovani tenuta via radio dall'Arcivescovo
27 SETTEMBRE 1996:	Redditio Symboli
13 OTTOBRE 1996:	Incontro di spiritualità per gli impegnati nelle realtà sociali e politiche nei decanati della Zona pastorale di Varese
17 OTTOBRE 1996:	Ritiro predicato dall'Arcivescovo a tutte le comunità parrocchiali in preparazione al rinnovo dei Consigli pastorali

20 OTTOBRE 1996:	Rinnovo dei Consigli pastorali parrocchiali
26 OTTOBRE 1996:	Veglia missionaria
27 OTTOBRE 1996:	Giornata missionaria
27 OTTOBRE 1996:	Incontri di spiritualità per gli impegnati nelle realtà sociali e politiche nei decanati della Zona pastorale di Lecco
9 NOVEMBRE 1996:	Incontri di spiritualità per gli impegnati nelle realtà sociali e politiche nei decanati della Zona pastorale di Milano
10 NOVEMBRE 1996:	VI Giornata diocesana Caritas
10 NOVEMBRE 1996:	Incontri di spiritualità per gli impegnati nelle realtà sociali e politiche nei decanati della Zona pastorale di Rho
17 NOVEMBRE 1996:	Incontri di spiritualità per gli impegnati nelle realtà sociali e politiche nei decanati della Zona pastorale di Monza
24 NOVEMBRE 1996:	Incontri di spiritualità per gli impegnati nelle realtà sociali e politiche nei decanati della Zona pastorale di Melegnano
1° DICEMBRE 1996:	Apertura ufficiale dell'itinerario verso il Congresso Eucaristico Nazionale di Bologna
8 DICEMBRE 1996:	Incontri di spiritualità per gli impegnati nelle realtà sociali e politiche nei decanati della Zona pastorale di Sesto S.Giovanni

Iniziative centrali

a. Pubblicazione **“Lectio Ambrosii”** per l’Avvento (Edizioni Centro Ambrosiano - ITL): scelta di pagine scritturistiche e santambrosiane, con relativo commento. Incentrate sulla figura di Cristo, esse potranno venire utilizzate per la preghiera personale e per celebrazioni comunitarie.

b. La **catechesi degli adulti**, che verrà avviata in questi primi mesi dell’anno pastorale, avrà come riferimento privilegiato il Vangelo di Marco e quanto viene proposto nella prima parte del Catechismo degli adulti.

3.2. Tempo della celebrazione
(6 dicembre 1996 - 7 dicembre 1997)

Celebrazioni proprie dell’Anno santambrosiano

6 DICEMBRE 1996: (in S. Ambrogio)	Indizione del Giubileo santambrosiano È prevista la presenza di S.G. George Carey Arcivescovo di Canterbury, Primate della Chiesa d’Inghilterra
7 DICEMBRE 1996: (in S. Ambrogio)	Solenne Eucaristia di apertura dell’Anno santambrosiano
1° FEBBRAIO 1997: (in S. Ambrogio)	Eucaristia presieduta dal Cardinale Arcivescovo con la partecipazione dei religiosi e delle religiose
3 APRILE 1997: (in Duomo)	Commemorazione della morte di S. Ambrogio, con messaggio papale

17 MAGGIO 1997: (in Duomo)	Veglia ecumenica di Pentecoste. È prevista la presenza di S.S. Bartolomeo I° Arcivescovo di Costantinopoli, Patriarca ecumenico
1° GIUGNO 1997: (Corpus Domini)	Processione eucaristica cittadina dal Duomo a S. Ambrogio in preparazione al Congresso Eucaristico Nazionale di Bologna
8 GIUGNO 1997: (in S. Ambrogio):	Celebrazione del Centenario della morte di S. Marcellina
17-23 AGOSTO 1997:	Esercizi spirituali per le religiose
15-20 SETTEMBRE 1997: (in Seregno):	1° Centenario della morte del Patriarca Paolo Angelo Ballerini, Arcivescovo di Milano dal 1859 al 1867
18 SETTEMBRE 1997: (Parrocchia del Corpus Domini)	Inaugurazione della Scuola della Parola per i giovani tenuta dall'Arcivescovo in commemorazione del primo centenario della morte di S. Teresa di Lisieux
7 DICEMBRE 1997: (in S. Ambrogio)	Conclusione dell'Anno santambrosiano e del Giubileo

Celebrazioni proprie dell'Anno pastorale

1° GENNAIO 1997:	Giornata mondiale della Pace
18-25 GENNAIO 1997:	Settimana di preghiera per l'unità dei cristiani
19 GENNAIO 1997:	Giornata della solidarietà
26 GENNAIO 1997:	Festa della famiglia
1° FEBBRAIO 1997:	Giornata della vita consacrata
2 FEBBRAIO 1997:	Giornata della vita
22 MARZO 1997:	Veglia in Traditione Symboli
30 APRILE 1997:	Veglia diocesana dei lavoratori
13 MAGGIO 1997:	Festa dei fiori
24 MAGGIO 1997:	Incontro cresimandi
19-24 AGOSTO 1997:	Undicesima Giornata mondiale della Gioventù a Parigi e Lisieux
SETTEMBRE 1997:	4 giorni catechisti
12-14 SETTEMBRE 1997:	XIV Convegno diocesano delle Caritas decanali
18 SETTEMBRE 1997:	Inaugurazione della Scuola della Parola per i giovani tenuta dall'Arcivescovo
20-28 SETTEMBRE 1997:	Congresso Eucaristico Nazionale a Bologna
26 SETTEMBRE 1997:	Redditio Symboli
18 OTTOBRE 1997:	Veglia missionaria
19 OTTOBRE 1997:	Giornata missionaria
9 NOVEMBRE 1997:	VII Giornata diocesana Caritas

a. La prima è costituita dal **Giubileo**. L'indulgenza si riceve visitando la Basilica di S. Ambrogio, che disporrà di accogliere e accompagnare adeguatamente i pellegrinaggi organizzati dai decanati e dalle parrocchie.

b. Pubblicazione e presentazione alla Diocesi degli **Itinerari di fede** specifici per cinque diverse fasce di età: ragazzi, adolescenti, giovani, adulti e anziani.

c. L'Arcivescovo a partire dal gennaio del 1997 predicherà un **ritiro spirituale** a tutti i preti divisi per decanato o per gruppi di decanato, con la presenza e la collaborazione del vicario episcopale di zona e del vicario per la formazione permanente del clero. Durante questi ritiri l'Arcivescovo s'incontrerà personalmente con ciascun prete.

d. All'interno delle **iniziative di formazione permanente del clero**, sono previsti per questo Anno pastorale dei momenti di riflessione e confronto nelle singole zone pastorali sul tema "Iniziare oggi alla fede."

e. È stata identificata una **iniziativa di carità** da realizzarsi ispirandosi a quella di S. Ambrogio che, all'indomani della battaglia di Adrianopoli, per riscattare molti soldati caduti nelle mani dei barbari, non esitò a spezzare i vasi sacri e a vendere il metallo prezioso così ricavato. Si tratta della costituzione di un fondo per strutture di seconda accoglienza destinate ad alcune categorie di persone particolarmente bisognose. Inoltre, secondo l'antica tradizione della Chiesa, la celebrazione del Giubileo sarà caratterizzata da un particolare **gesto di carità**: la costruzione di una chiesa in onore di S. Ambrogio in un quartiere di Milano.

f. Secondo ciclo della **"Lectio Ambrosii"**, per la Quaresima e il tempo pasquale. L'Arcivescovo predicherà la lectio via radio nei cinque martedì di Quaresima (18-25 febbraio, 4-11-18 marzo 1997).

g. **Pellegrinaggi:** a Treviri, città natale di S. Ambrogio; a Lisieux, città natale di S. Teresa del Bambino Gesù; pellegrinaggio diocesano a Lourdes con i malati, presieduto dall'Arcivescovo e animato da: AVO, AVULSS, Croce Bianca, CVS, OFTAL, UNITALSI, SIMOM, Unione Samaritana (17-19 settembre 1997).

h. **Esercizi spirituali** predicati via radio dall'Arcivescovo alla comunità diocesana, a conclusione dell'Anno santambrosiano e in preparazione al Giubileo del 2000 (13-17 ottobre 1997). In questa settimana le parrocchie e le altre comunità sono invitate a sospendere tutte le iniziative e a concentrarsi sugli Esercizi spirituali.

Altre iniziative pastorali

a. Centenario della morte di S. Marcellina (8 giugno 1997): ore 16.00 commemorazione di S. Marcellina presso il Teatro Gnomo; ore 18.00 concelebrazione in S. Ambrogio presieduta dall'Arcivescovo. Le iniziative vedranno la partecipazione delle parrocchie di S. Ambrogio, di S. Marcellina in Muggiano e di S. Marcellina e S. Giuseppe alla Certosa in Milano, di Brugherio, di Cernusco sul Naviglio, di Carugate, dell'Istituto delle Suore Marcelline e dell'Ordo Virginum.

b. Pellegrinaggio ecumenico da Roma a Canterbury con tappa intermedia a Milano il 19 maggio 1997.

c. Si prevedono altri pellegrinaggi con meta la basilica dei SS. Vitale ed Agricola in Bologna e la Basilica di S. Lorenzo in Firenze, luoghi legati alla presenza di S. Ambrogio.

d. Pubblicazione dell'Inno ufficiale dell'Anno santambrosiano, che accompagnerà i diversi momenti celebrativi. Testo e musica di P. Sequeri.

Strumenti

a. Pubblicazione **“Lectio Ambrosii”** per la Quaresima e il tempo pasquale (Edizioni Centro Ambrosiano - ITL).

b. Sussidio per l’acquisto del Giubileo, a cura della Basilica di S. Ambrogio; sussidio per le scolaresche in visita alla Basilica di S. Ambrogio.

c. Pubblicazione di **“Canti ambrosiani. Antifonale semplice”** (Edizione Centro Ambrosiano - ITL).

4
INIZIATIVE CULTURALI PER L’ANNO SANTAMBROSIANO

Per quanto riguarda la città e la cintura di Milano si prevedono iniziative che coinvolgano, oltre al tessuto ecclesiale, anche quello sociale e civile. La figura di Ambrogio, infatti, se proposta con efficacia comunicativa, dispone di tutte le caratteristiche che, sia sul piano storico, sia sul piano simbolico, possono rappresentare uno stimolo globale alla città per riflettere sulle proprie origini e la propria identità: “ambrosiano” non è solo sinonimo, ma radice fondativa di “milanese”. Riproporre all’intera comunità civile il modello e i valori incarnati da Ambrogio può divenire così occasione di evangelizzazione.

Perciò le iniziative culturali legate all’Anno santambrosiano vorrebbero costituire un percorso organico di coinvolgimento della città, nell’arco di tempo che va dal 7 dicembre 1996 al 7 dicembre 1997. Molte di esse sono in fase di ultima definizione o realizzazione; già sin d’ora si può però anticipare la scansione cronologica degli appuntamenti principali che rappresentano la struttura portante delle iniziative culturali dell'Anno santambrosiano. Una presentazione completa e definitiva è prevista per il mese di settembre 1996, successivamente alla tradizionale conferenza del Cardinale Arcivescovo per l'apertura dell'Anno pastorale.

7 DICEMBRE 1996: apertura delle celebrazioni.

DICEMBRE 1996 - MARZO 1997:

dislocazione in luoghi vari della città e della fascia urbana, a carattere ecclesiale (chiese, oratori, centri culturali, istituzioni diocesane e non, ecc.) e civile (aereoporti, stazioni, ecc.) di **stazioni multimediali** che presentino la figura di Ambrogio e il suo messaggio, la città di Ambrogio e le sue trasformazioni, i personaggi legati alla Chiesa di Ambrogio e di Milano. Nello stesso periodo saranno messi a disposizione delle parrocchie e delle altre realtà ecclesiali, altri strumenti divulgativi e proposte di iniziativa culturale.

DICEMBRE 1996:

inaugurazione, presso la Basilica di S. Ambrogio, di una **mostra** che prevede l'esposizione di opere pittoriche realizzate da artisti legati all'Accademia di Brera. Tale mostra sarà itinerante nelle chiese lombarde legate a S. Ambrogio.

GENNAIO - MARZO 1997:

i cori che in Diocesi sono in grado di eseguire canto ambrosiano (Gruppo di Canto Ambrosiano del Pontificio Istituto Ambrosiano di Musica Sacra, Coro S. Ambrogio della Basilica di S. Ambrogio, Coro dell'Università Cattolica, la Schola Gregoriana Mediolanensis) si mettono a disposizione delle parrocchie che ne fanno richiesta per **celebrazioni o serate musicali**.

APRILE - MAGGIO 1997:

– nella ricorrenza della morte di Ambrogio (4 aprile) si aprirà presso l'Università Cattolica il **Congresso internazionale** su S. Ambrogio (4-11 aprile);

– contemporaneamente al Congresso internazionale si aprirà un'**Esposizione santambrosiana** presso il Museo Diocesano di S. Eustorgio, che comprenderà tre ambiti: archeologico, iconografico, liturgico-musicale; essa vuole accompagnare i visitatori in un percorso ideale dalla Milano che S. Ambrogio vedeva e viveva alla Milano di oggi, attraverso l'eredità spirituale e culturale che S. Ambrogio ha lasciato alla sua Chiesa. Nell'ambito di queste due iniziative saranno presentati i risultati di specifiche iniziative di studio e di ricerca promosse dal Comitato per le celebrazioni;

– il **Convegno Ecumenico** "Ambrogio di Milano tra Oriente e Occidente", aperto dall'Arcivescovo di Milano e concluso dal Patriarca ecumenico di Costantinopoli (16-17 maggio);

– nello stesso periodo, proseguirà la dislocazione delle stazioni multimediali nella parte restante della Diocesi.

SETTEMBRE - NOVEMBRE 1997:

– tra le iniziative di questa seconda parte dell'anno si segnalano il **Congresso internazionale di Canto Ambrosiano** (13-14 ottobre 1997);

– una **mostra iconografica** particolarmente vasta e ricca.

– In questo stesso periodo si ricorderà anche il centenario della nascita di Paolo VI, con due iniziative: la **presentazione** dei "Discorsi milanesi dell'Arcivescovo Montini", promossa dall'Istituto Paolo VI di Brescia (ottobre-novembre); il **Convegno** "Montini e Ambrogio: il discepolo e il maestro", promosso dalla Fondazione Paolo VI (21-22 novembre).

6 DICEMBRE 1997:

Sessione del Comitato di Presidenza del Parlamento europeo; chiusura delle celebrazioni.

Strumenti

a. Pubblicazione del libro *Ambrogio di Milano. Azione e pensiero di un vescovo* di C. Pasini (Editore San Paolo).

b. Realizzazione di strumenti informatici e audiovisivi per parrocchie, scuole, centri culturali, su S. Ambrogio, la sua storia, il suo rapporto con la città, il suo magistero (a cura di Marco Rizzi e Cecilia Sangiorgi).

c. Pubblicazione sulla vita di S. Ambrogio per ragazzi delle elementari e delle medie (Edizioni Centro Ambrosiano - ITL); per le superiori un recital sulla vita del santo (Edizioni Centro Ambrosiano - ITL).

d. Pubblicazione del libro *S. Ambrogio* (iconografia e storia) a cura di L. Crivelli e altri (Editore SKIRA).

e. Pubblicazione: *La vita di S. Ambrogio raccontata dagli stalli del Duomo* di M. Navoni - E. Brivio (NED - Veneranda Fabbrica del Duomo).

f. Inserti sui settimanali diocesani; serie di articoli per catechisti su "In dialogo catechisti".

NOTE E RIFLESSIONI PERSONALI

NOTE E RIFLESSIONI PERSONALI

NOTE E RIFLESSIONI PERSONALI

NOTE E RIFLESSIONI PERSONALI

NOTE E RIFLESSIONI PERSONALI

Stampa: Boniardi Grafiche - Milano